Günther Dichatschek

Christsein in der Moderne 10

Günther Dichatschek

Christsein in der Moderne 10

Ausbildung in Evangelischer Erwachsenenbildung - Aspekte und Handlungsfelder

Fromm Verlag

Imprint

Any brand names and product names mentioned in this book are subject to trademark, brand or patent protection and are trademarks or registered trademarks of their respective holders. The use of brand names, product names, common names, trade names, product descriptions etc. even without a particular marking in this work is in no way to be construed to mean that such names may be regarded as unrestricted in respect of trademark and brand protection legislation and could thus be used by anyone.

Cover image: www.ingimage.com

Publisher:
Fromm Verlag
is a trademark of
Dodo Books Indian Ocean Ltd. and OmniScriptum S.R.L publishing group

120 High Road, East Finchley, London, N2 9ED, United Kingdom
Str. Armeneasca 28/1, office 1, Chisinau MD-2012, Republic of Moldova, Europe
Managing Directors: Ieva Konstantinova, Victoria Ursu
info@omniscriptum.com

Printed at: see last page
ISBN: 978-620-2-44071-4

Christsein in der Moderne 10

Ausbildung in Evangelischer Erwachsenenbildung - Aspekte und Handlungsfelder

Günther Dichatschek

Inhaltsverzeichnis

1 Evangelische Erwachsenenbildung

Ziel evangelischer Bildung in der Arbeit mit Erwachsenen ist die Lebensvertiefung und Lebenserweiterung.

Zur allgemeinen Erwachsenenbildung gehören alle Formen der freiwilligen Wissens- und Erfahrungserweiterung, die erwachsene Menschen für sich und mit anderen machen, und zwar nach oder jenseits des formalen Lernens in Schule, Hochschule oder Ausbildung und jenseits der Fort- und Weiterbildungsangebote, die etwa im beruflichen Kontext angeboten werden.

Erwachsenenbildung ist ein wesentlicher Bestandteil des LLL (Lifelong Learning), das sich in den vergangenen Jahrzehnten als Bildungsperspektive einer lernenden Gesellschaft durchgesetzt hat.

In Zeiten rasanter Veränderung der Gesellschaft durch technische und kulturelle Prozesse rückt das lebenslange Lernen mehr und mehr in den Mittelpunkt der erwachsenbildnerischen Aufgabe. Erwachsenenbildung geschieht methodisch und wissenschaftlich reflektiert, professionalisiert und institutionalisiert.

2 Würde, Freiheit und Selbstbestimmung des Einzelnen

Evangelische Erwachsenenbildung steht in dieser Tradition und ist eine Herausforderung moderner Erwachsenenbildung. In Abgrenzung zur beruflichen Fort- und Weiterbildung versteht sie sich als lebensbegleitende Bildung vor dem Hintergrund reformatorischer Einsichten. Die Würde, Freiheit und Selbstbestimmung des Einzelnen vor dem Hintergrund eines letzten Verantwortungshorizonts sind dabei konstitutive Elemente.

So gesehen hat evangelische Erwachsenenbildung ihre Wurzeln in der Kommunikation des Evangeliums und verortet sich im Kontext evangelischen Bildungshandelns, das als lebendiges Erbe der Reformation protestantische Verpflichtung ist.

Im Kontext der Evangelischen Erwachsenenbildung finden sich verschiedene Arbeitsfelder.

- Bildungshandeln an der Schnittstelle von Kirche und Gesellschaft,

- Forumsarbeit,

- Bildung in Pfarrgemeinden im Zusammenhang von Gemeindepädagogik,

- Fortbildung Ehrenamtlicher,

- Weiterbildung für Zielgruppen im kirchlichen Kontext sowie Begleitung von kirchlichen Prozessen.

Um diese vielfältigen Aufgaben zu erfüllen, sind Bildungswerke gewachsen, die entweder ganz oder teilweise Bildungsarbeit in diesem Sinne methodisch reflektiert und professionell verantworten.

3 Einführung

Netzwerkarbeit der Evangelischen Erwachsenenbildung/ EEB hat sich in einer ständig ändernden Gesellschaft zu bestehen.

Für die Erwachsenenbildung liegt in der Unterstützung von Institutionen und Organisationen im Angebot einer Netzwerkarbeit ein interessantes und aktuelles Aufgabengebiet. Erforderlich ist eine Steigerung des allgemeinen und speziellen Wissens.

"Ausbildung ohne Bildung führt zu Wissen ohne Gewissen." Diese Aussage unterstreicht den Wert eines Erkenntnisstandes.

Der Ausgangspunkt der folgenden Themenfelder und Überlegungen des Autors liegt in seiner Ausbildungs- und Berufsbiographie sowie im Engagement in der Erwachsenenbildung. Das Fernstudium Erwachsenenbildung der Evangelischen Arbeitsstelle Fernstudium - Comenius Institut Münster (2018), die Mitarbeit in der Bildungskommission der Evangelischen Kirche in Österreich/ EKiÖ (2000-2011) und als stv. Leiter des Evangelischen Bildungswerks in Tirol (2004-2009, 2017-2019) unterstützten und erweiterten in Verbindung mit dem "Netzwerk gegen Gewalt - Netzwerk zu Bildung" (ab 2004) die Bemühungen.

Literaturhinweise:

Günther Dichatschek (2018): Theorie und Praxis Evangelischer Erwachsenenbildung, Evangelische Erwachsenenbildung bzw. Weiterbildung und Religionslehrerausbildung in Österreich - Politische Bildung, Akademiker Verlag Saarbrücken, ISBN 978-620-2-21946-4

Günther Dichatschek (2023): Digitales Lernen und Lehren.

Perspektiven im Kontext Politischer Bildung, Akademiker Verlag

Saarbrücken, ISBN 978-3-639-49862-2

IT- Hinweise:

Netzwerkarbeit:

Grundwissen Erwachsenenbildung

● http://www.netzwerkgegengewalt.org/wiki.cgi?

Erwachsenenbildung (12.8.2023)

Theorie und Praxis evangelischer Erwachsenenbildung

● http://www.netzwerkgegengewalt.org/wiki.cgi?

Theorie__und__Praxis__evangelischer__Erwachsenenbildung

(12.8.2023)

Digitales Lernen und Lehren

● http://www.netzwerkgegengewalt.org/wiki.cgi?

Digitales_Lernen_und_Lehren (6.9.2023)

Weiterbildungsakademie Österreich/ Wien

● https://login.wba.or.at/absolvent_in/13140 (12.8.2023)

Projekte Bildungsforschung in Österreich/ Minderheiten in Tirol

- https://bifodok.adulteducation.at/public/project/7929 (16.9.2023)

4 Vorschlag

Teil I Ausbildung

Erwachsenenbildung

Bildungsgeschichte

Christentum

Protestantismus

Oekumene

Religion

Europa

Interkulturelle Kompetenz

Kulturwissenschaft

Anthropologie

Teil II Fortbildung

Religionspädagogik

Religionssoziologie

Diakonisches Lernen und Lehren

Allgemeine Didaktik

Globales Lernen

Digitalisierung

Nachhaltigkeit

Altersbildung

Beratungskompetenz

Fernstudium

Teil III Weiterbildung

AspekteVonGewalt

Kolonialisierung

Antisemitismus

Rassismus

Israel

Friedenslernen

Aspekte eines Migrantentums

Personalentwicklung

Kirchenentwicklung

Freiwilligenmanagement

Zukunftsfelder

Klimawandel und Klimaschutz

Medienarbeit

Medienkompetenz

Erwachsenenpädagogik - Theorie, Praxis und Professionalität in Volkshochschulen und Weiterbildung, Akademiker Verlag Saarbrücken 2020, ISBN 6202225831

Theorie, Praxis und Professionalität sind vor besondere Herausforderungen gestellt. Im Lehren und Lernen, Erwerb von Wissen, der Programmplanung und der Modernisierung des Bildungssystems gilt das Prinzip der Teilnehmerorientierung. Es geht um Bildung, Qualifikationen und den Ererb von Kompetenzen. Aufgabe ist ein sachliches Verständnis von Wirklichkeit und Kritikfähigkeit zu bilden. Erwachsenenpädagogik ist ausbaufähig und bedarf vermehrter pädagogisch-didaktischer Maßnahmen.

Die Diskussion der Prämisse eines lebensbegleitenden Lernens

wird hochschuldidaktisch unterschiedlich bis zurückhaltend geführt.

Unterschiedlich wird daher das Segment Weiterbildung praktiziert.

Erwachsenen- und Weiterbildung sind ausbaufähig und bedürfen

vermehrt pädagogisch-didaktischer Maßnahmen.

Lernkulturen der Erwachsenen- bzw. Weiterbildung - Ein Beitrag zu

Theorie, Praxis und handlungsspezifischen Herausforderungen im

Kontext mit Politischer Bildung, Akademiker Verlag Saarbrücken

2018, ⌀ ISBN 6202211407

Erwachsenenbildung stellt Theorie und Praxis vor

Herausforderungen einer Teilnehmerorientierung,

Programmplanung, Modernisierung eines Bildungssystems und

zum Bezug zur Landeskultur. Es geht um Bildung, Qualifikationen und Kompetenzerwerb. Zu bedenken sind nationale und internationale Perspektiven.

Gefordert sind Organisationstheorien, Besonderheiten einer Bildungsorganisation und Fragen für Lehrende und Lernende. Notwendig sind Antworten für eine Begründung für den quartären Bildungsbereich. Kernauftrag ist die Fortsetzung der Basisbildung mit einem erwachsenenpädagogischen Auftrag einer Bewältigung des Lebens- und Berufsalltages sowie einer Hinführung zu Fort- und Weiterbildungsmaßnahmen.

Theorie und Praxis Evangelischer Erwachsenenbildung - Evangelische Erwachsenenbildung bzw. Weiterbildung und Religionslehrerausbildung in Österreich - Politische Bildung, Akademiker Verlag Saarbrücken 2018, ISBN 978-620-2-1946-4

Einrichtungen der Evangelischen Erwachsenenbildung und Religionslehrerausbildung müssen in einer ständig ändernden Gesellschaft bestehen können. Für die Erwachsenenpädagogik liegt in der Unterstützung von Institutionen ein interessantes

Aufgabenfeld. Erforderlich ist eine Steigerung des speziellen

pädagogischen Wissens. Evangelische Erwachsenenbildung stellt

Theorie und Praxis vor besondere Herausforderungen.

Netzwerkarbeit

Die Bedeutung (konfessioneller) Erwachsenenbildung zur

Erlangung *kulturell-religiöser Kompetenz* bietet sich mit

Netzwerkarbeit Evangelischer Erwachsenenbildung für die

Diaspora und *Kirchenferne* an.

Interdisziplinäre Aspekte erweitern die Interessensbereiche und das

Themenfeld Evangelischer Erwachsenenbildung.

- Eine Netzwerkarbeit eröffnet auch regionale Möglichkeiten, die

  eine Erwachsenenbildung erweitern >

  http://www.netzwerkgegengewalt.org/wiki.cgi?Fernstudium.

- Themen für Online - Seminare gibt es eine Vielzahl.

- Eingeladen sind Interessierte sich zu engagieren.

Dokumentation

Didaktik Erwachsenenpädagogik

personal
entwicklung

Frau/Herr

Günther Dichatschek

hat an folgendem Seminar teilgenommen:

Die/Der Lehrende als Coach

von 29. bis 30. April 2008

Trainerin: Mag. Hildegard Köhler

Mag. Gerda Mraczansky
Leiterin Personalentwicklung
der Universität Wien

Seminarleitung

Dr. Günther Dichatschek, MSc

geboren am 06.07.1942

hat am 30. Jänner 2009 das wba-Diplom

Diplomierter Erwachsenenbildner
Schwerpunkt
Bildungsmanagement

(60 ECTS) erworben.

Wien, am 30. Jänner 2009

wba-Leiterin
Mag.ª Karin Reisinger

BIfEB-Direktorin
Dr.ⁱⁿ Margarete Wallmann

WeiterBildungsAkademie Österreich

bifeb)

bundesinstitut für erwachsenenbildung

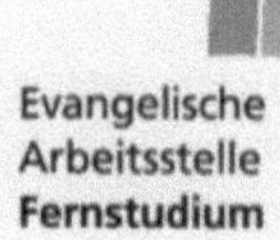

Zertifikat

für

Herrn
Dr. Günther Dichatschek MSc

über den erfolgreichen Abschluss des Fernstudiums

Grundkurs Erwachsenenbildung

Münster, den 22. März 2018

Dr. Gertrud Wolf

Leiterin der
Evangelischen Arbeitsstelle Fernstudium
im Comenius-Institut e.V.

Zertifikat HSD$^+$

Herr
Dr. Günther DICHATSCHEK, MSc

hat den

internen Lehrgang für Hochschuldidaktik

HSD$^+$ Erweiterungslehrgang (WS 2015/16)

an der Universität Salzburg im Ausmaß von 2 ECTS-Credits

erfolgreich abgeschlossen.

Salzburg, am 25. Februar 2016

Univ.-Prof. Dr. Jörg Zumbach
Lehrgangsleitung

Univ.-Prof. Dr. Erich Müller   Ao.Univ.-Prof. Dr. Rudolf Feik
Vizerektor Lehre   Vizerektor QM & PE

Personalentwicklung

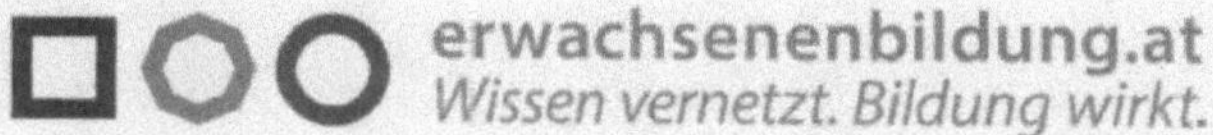

TEILNAHMEBESTÄTIGUNG

Hiermit bestätigen wir, dass Dr. Günther Dichatschek an der Online-Veranstaltung

Webinar: Medienkompetenz in der digitalen Gesellschaft

am 04.10.2023

im Umfang von 1,5 Stunden

teilgenommen hat.

Inhalte

- Medienkompetenz im digitalen Zeitalter
- Medienkompetenz in der Erwachsenenbildung
- Aufmerksamkeitsökonomie, Desinformation und Social Media
- Digitalität, Technologie und Technikfolgen

Folgende Lernergebnisse konnten erzielt werden:

- Die Teilnehmenden wissen um die Besonderheiten der Medienkompetenz im Kontext der Digitalisierung.
- Die Teilnehmenden kennen den Zusammenhang digitaler Medien mit politischer Bildung.
- Die Teilnehmenden haben Möglichkeiten kennengelernt, die Medienkompetenz erwachsener Lernender zu fördern.
- Die Teilnehmenden sind sich der Rolle der Erwachsenenbildung in Bezug auf Medienkompetenz bewusst.

DigiTalks sind interaktive Webinarformate von erwachsenenbildung.at, die sich inhaltlich mit Themen rund um das digital unterstützte Lehren und Lernen befassen. Die Teilnahme am DigiTalk ist kostenlos und steht allen Interessierten offen. Das DigiCamp ist eine interaktive Veranstaltung im Online-Barcamp-Format, bei der die Teilnehmenden selbst die Themen einbringen.

Graz, 04.10.2023

Mag. Wilfried Frei
Geschäftsführung

Mag.ª Dr.ª Birgit Aschemann
Bereichsleitung Digitale Professionalisierung

Diese Online-Weiterbildung wurde veranstaltet von CONEDU.

Fachausbildung

Zertifikat

Dr. Günther Dichatschek

hat vom 21. September 2006 bis 22. September 2007 am

Lehrgang Ökumene

im Kardinal König Haus teilgenommen und mit Erfolg abgeschlossen.

Lehrgangsinhalte
Theologie und Motivation der Ökumene
Östliche Kirchenfamilien
Westliche Kirchenfamilien
Systematisch vergleichende Darstellung
Perspektiven der Ökumene

Leitungsteam und Referierende
Christof Blankenstein | Michael Bubik | Michael Bünker | Patrick Curran
Ewald Eichler | Edmond Farhat | Mar Gabriel | Christine Hubka | Mesrob Krikorian
Vladimir Fedorov | Dietrisch Fischer-Dörl | Bert Basilius Groen | Susanne Heine
Jutta Henner | Wassilios Klein | Helmut Krätzl | Rüdiger Lohlker | Anke Neuenfeldt
Georg Nuhsbaumer | Lothar Pöll | Richard Potz | Brigitte Proksch | Joachim Sander
Alfred Schweiger | Kersten Storch | Eva Synek | Dietmar Winkler | Martha Zechmeister

Wien, den 21. September 2007

Mag. Georg Nuhsbaumer   Dr. Christine Hubka   Dr. Brigitte Proksch

Leitungsteam

Bildungszentrum der Jesuiten und der Caritas gemeinnützige Ges.m.b.H.
Kardinal-König-Platz 3, A-1130 Wien · FN 287572a HG Wien · UID ATU 63052537 · IBAN AT46 3200 0000 0870 0155
Tel: +43-1-804 75 93 · Fax: +43-1-804 97 43 · office@kardinal-koenig-haus.at · www.kardinal-koenig-haus.at

Fakultät für Kulturwissenschaften
Zentrum für Friedensforschung und Friedenspädagogik

Dr. Günther Dichatschek

Staatsangehörigkeit: Österreich
Geburtsdatum: 06. 07. 1942
Matrikelnummer: 7316735

Citizenship: Austria
Date of birth: July, 6, 1942
Registration Number:7316735

BESCHEID	NOTICE

Sie haben den Universitätslehrgang „Politische Bildung" gemäß § 124 Abs. 3 Universitätsgesetz 2002, BGBl. I Nr. 120/2002 i.d.g.F., in Verbindung mit den Statuten des Universitätslehrganges, verlautbart im Mitteilungsblatt der Universität Klagenfurt vom 20. August 2003, Stück 26b, Nr. 279, absolviert.

You have completed the university programme in „Politische Bildung" in accordance with § 124 section 3 of the Universities Act 2002, BGBl. I no 120/2002 in its current version, and in accordance with the statutes for that university programme as published in the Bulletin of the University of Klagenfurt on August 20, 2003, vol. 26b, no. 279. The final examination was passed.

Der Universitätslehrgang Politische Bildung wird in Kooperation mit der Donau Universität Krems abgehalten. Die Abschlussprüfung wurde bestanden.

The university programme in „Politische Bildung" takes place in co-operation with the Donau University Krems.

Gemäß § 87 Abs. 2 UG i.V.m. Art. VIII der Statuten wird Ihnen der akademische Grad

In accordance with § 87 section 2 of the Universities Act and in accordance with section VIII of the statutes, I confer upon you the academic degree of

Master of Science „Politische Bildung"
(MSc-Politische Bildung)

verliehen.

Rechtsmittelbelehrung

Rights of Appeal

Gegen diesen Bescheid ist binnen zwei Wochen nach Zustellung das ordentliche Rechtsmittel der Berufung zulässig. Die Berufung hat den angefochtenen Bescheid zu bezeichnen und einen begründeten Berufungsantrag zu enthalten, ist schriftlich an den Studienrektor/den Vizestudienrektor zu richten und in der Studienabteilung der Universität Klagenfurt, 9020 Klagenfurt, Universitätsstraße 65-67 einzubringen. Berufungsinstanz ist der Senat der Universität Klagenfurt.

Ordinary appeal can be filed against this ruling within two weeks of the service thereof. The appeal must contain an appeal petition with justification, is to be addressed in writing to the Rector/Vice-Rector of Studies and shall be submitted to the Office for Admissions (Studienabteilung) at the University of Klagenfurt, 9020 Klagenfurt, Universitätsstrasse 65-67. The body hearing the appeal is the Senate of the University of Klagenfurt.

Klagenfurt, am 31. Juli 2008
Klagenfurt, July 31, 2008

Für den Studienrektor/den Vizestudienrektor:
O.Univ.-Prof. Dr. Albert Berger
Dekan

Univ.-Prof. Dr. Peter Filzmaier
wissenschaftlicher Lehrgangsleiter

Universitätsstraße 65-67, A-9020 Klagenfurt, Tel.: ++43 (0) 463 2700

Univ. Prof.
Dr. Erich Müller

Vizerektor für Lehre
Kapitelgasse 4-6
5020 Salzburg, Austria

Kultur- und Gesellschaftswissen-
schaftliche Fakultät

Erzabt Klotz Strasse 1
5020 Salzburg – Austria
Tel.: +43/ (0) 662 8044-0

Herr Dr.phil. Günther Dichatschek, MSc Politische Bildung

geboren am 06.07.1942

hat den

Universitätslehrgang Interkulturelle Kompetenz
(Intercultural Competence – ICC)

im Ausmaß von 40 ECTS mit Erfolg abgeschlossen.

Nach positiver Beurteilung aller im einschlägigen Curriculum vorgeschriebenen Prüfungen sowie nach Abfassung einer positiv beurteilten Projektarbeit wird daher das

Diploma in Intercultural Competence
im Spezialisierungsteil *Wirtschaft und Recht*

verliehen.

Rechtsgrundlagen: Curriculum für den Universitätslehrgang Interkulturelle Kompetenz an der Universität Salzburg, verlautbart im Mitteilungsblatt Nr. 54, vom 29. Juni 2010 idgF.

Salzburg, am 1.10.2012

Für den Vizerektor für Lehre:

Kultur- und Gesellschaftswissen-
schaftliche Fakultät

Stv. Dekan Ao.Univ.-Prof. Mag.rer.soc.oec. Dr.phil. Martin Weichbold

Zertifikat

für

Herrn
Dr. Günther Dichatschek MSc

über den erfolgreichen Abschluss des Fernkurses

Nachhaltige Entwicklung

der Evangelischen Arbeitsstelle Fernstudium im Comenius-Institut e.V.

Münster, 17. August 2020

Frau Dr. Ada Gertrud Wolf
Leiterin der
Evangelischen Arbeitsstelle Fernstudium
im Comenius-Institut e.V.

Zum Autor

APS - Lehrer/ Lehramt für Volks- und Hauptschule (D, GS, GW) sowie Polytechnischer Lehrgang (D, SWZ, Bk); zertifizierter Schüler- und Schulentwicklungsberater; Lehrbeauftragter am Pädagogischen Institut des Landes Tirol/ Berufsorientierung bzw. Mitglied der Lehramtsprüfungskommission für APS - Lehrer/ Landesschulrat für Tirol (1994 – 2003).

Lehrbeauftragter am Institut für Erziehungs- bzw. Bildungswissenschaft/ Universität Wien/Aus- und Weiterbildung/ Vorberufliche Bildung (1990/ 1991- 2010/2011); Lehrbeauftragter am Sprachförderzentrum des Stadtschulrates Wien/Interkulturelle Kommunikation (2012); Lehrbeauftragter am Fachbereich für Geschichte/Universität Salzburg/ Lehramt "Geschichte - Sozialkunde - Politische Bildung/ "Didaktik der Politischen Bildung" (2015/ 2016, 2017).

Mitglied der Bildungskommission der Evangelischen Kirche in Österreich A. und H.B. (2000 - 2011), stv. Leiter des Evangelischen Bildungswerks in Tirol (2004 - 2009, 2017 - 2019)

Kursleiter an den VHSn Zell/See, Saalfelden und Stadt Salzburg - "Freude an Bildung" (2012-2019) und VHS Tirol (2025).

Absolvent des Instituts für Erziehungswissenschaft/ Universität Innsbruck/ Doktorat (1985), des 10. Universitätslehrganges Politische Bildung/ Universität Salzburg - Klagenfurt/ Master (2008), des 6. Universitätslehrganges Interkulturelle Kompetenz/ Universität Salzburg/ Diplom (2012) - des 6. Lehrganges Interkulturelles Konfliktmanagement/ Bundesministerium für Inneres - Österreichischer Integrationsfonds/ Zertifizierung (2010), der Weiterbildungsakademie Österreich/ Diplome (2010), des 1. Lehrganges Ökumene/ Kardinal König - Akademie Wien/ Zertifizierung (2006) - der Personalentwicklung für Mitarbeiter der Universitäten Wien/ Bildungsmanagement/ Zertifizierungen (2008 - 2010) und Salzburg/ 4. Lehrgang für Hochschuldidaktik/ Zertifizierung (2015/2016) - des Online - Kurses "Digitale Werkzeuge für Erwachsenenbildner_innen"/ TU Graz - CONEDU - Werde Digital.at - Bundesministerium für Bildung/ Zertifizierung (2017), des Fernstudiums Erwachsenenbildung/ Evangelische Arbeitsstelle Fernstudium - Comenius Institut/ Zertifizierung (2018)

Aufnahme in die Liste der Sachverständigen für den NQR/

Koordinierungsstelle für dem NQR, Wien (2016).

Printed by Books on Demand GmbH, Norderstedt / Germany